LA TRADICIÓN DE ENSEÑANZA DEL ADVAITA VEDÃNTA

Swami Dayananda Saraswati
Arsha Vidya

Fundación Arsha Vidya
Buenos Aires, Argentina

Saraswati, Swami Dayananda
   La tradición de enseñanza del Advaita Vedanta / Swami Dayananda Saraswati ; editado por Federico Oliveri. - 1a ed . - Buenos Aires : Fundación Arsha Vidya, 2018.
   52 p. ; 21 x 15 cm.

   Traducción de: Federico Oliveri.
   ISBN 978-987-29424-8-9

   1. Filosofía Oriental. 2. Hinduísmo. 3. Espiritualidad Oriental. I. Oliveri, Federico, ed. II. Oliveri, Federico, trad. III. Título.
   CDD 181

Información sobre derechos de autor:
Libro original: 'Teaching Tradition of Advaita Vedanta'
Idioma: inglés
© Arsha Vidya Research and Publication Trust, Chennai, India.

Arsha Vidya Research and Publication Trust, Chennai, India es propietario de los derechos de autor de la obra original "Teaching Tradition of Advaita Vedanta" en inglés de Swami Dayananda Saraswati, y ha brindado su permiso para la traducción y publicación de la presente obra.

Publicación en español de la
Fundación Arsha Vidya
J. Salguero 2225, piso 3
1425 Buenos Aires ARGENTINA
Teléfono: +5411 4826 5767
E-mail: fundacionarshavidya@gmail.com
http://www.fundacionarshavidya.org.ar

1ª edición en español: Diciembre 2018. Copias: 100

Edición y traducción: Federico Oliveri, federicooliveri@hotmail.com

Índice

Prefacio

El *advaita vedānta* es una tradición de enseñanza. Cuando uno recibe la enseñanza de un maestro tradicional, uno también llega a conocer el método de enseñanza en su totalidad. El método es analizado en la misma enseñanza. La exposición a un método incorrecto hace que uno pierda la visión de la enseñanza. De este modo, en este libro se analiza lo que no es la enseñanza, incluyendo su metodología. En este pequeño libro también se examinan algunos conceptos modernos. Por lo tanto recomiendo este libro a todo estudiante de *vedānta* para su serio estudio.

Swami Dayananda Saraswati
27 de abril de 2009
Coimbatore

GUÍA PARA LA TRANSLITERACIÓN Y PRONUNCIACIÓN
DE LAS LETRAS DEL SÁNSCRITO

Como el idioma sánscrito es muy fonético, la exactitud en la articulación de las letras es importante. Para aquellos no familiarizados con los caracteres *devanāgari*, la transliteración internacional es una guía para la pronunciación adecuada de las letras del sánscrito.

अ	*a*	(cas*a*)			ट	*ṭa*	(tar*ta*)	*3
आ	*ā*	(c*a*sa)			ठ	*ṭha*	aspirado	*3
इ	*i*	(pat*io*)			ड	*ḍa*	(*da*r)	*3
ई	*ī*	(r*í*o)			ढ	*ḍha*	aspirado	*3
उ	*u*	(s*u*po)			ण	*ṇa*	(ro*nr*onear)	*3
ऊ	*ū*	(men*ú*)			त	*ta*	(cin*ta*)	*4
ऋ	*ṛ*	(cént*ri*co)			थ	*tha*	aspirado	*4
ॠ	*ṝ*	(co*rri*ente)			द	*da*	(an*da*)	*4
ऌ	*ḷ*	(a*l*rededor)	*		ध	*dha*	aspirado	*4
ए	*e*	(m*e*sa)			न	*na*	(*na*da)	4
ऐ	*ai*	(c*ai*ga)			प	*pa*	(pa*pa*)	5
ओ	*o*	(l*o*bo)			फ	*pha*	aspirado	*5
औ	*au*	(*au*n)			ब	*ba*	(em*ba*lar)	5
क	*ka*	(va*c*a)	1		भ	*bha*	aspirado	*5
ख	*kha*	(*k*iosco)	*1		म	*ma*	(*ma*má)	5
ग	*ga*	(tortu*g*a)	1		य	*ya*	(h*i*ato)	
घ	*gha*	aspirado	*1		र	*ra*	(pe*r*a)	
ङ	*ṅa*	(ta*n*go)	1		ल	*la*	(fi*l*a)	
च	*ca*	(fe*c*ha)	2		व	*va*	(*W*alter)	*
छ	*cha*	(*ch*ao)	*2		श	*śa*	(¡*ssh*hh!)	*
ज	*ja*	(ad*y*acente)	*2		ष	*ṣa*	(¡*ssh*hh!)	*3
झ	*jha*	aspirado	*2		स	*sa*	(ta*s*a)	
ञ	*ña*	(pi*ñ*a)	2		ह	*ha*	(hi*j*a)	

·	*ṃ*	*anusvāra*	(nasalización de la vocal anterior)
:	*ḥ*	*visarga*	(aspiración de la vocal anterior)

* No hay equivalentes exactos en español para estas letras.
Un "aspirado" se pronuncia como la consonante anterior aspirada.
1. Gutural – se pronuncia desde la garganta.
2. Palatal – se pronuncia desde el paladar.
3. Lingual – la lengua se curva hacia el cerebro.
4. Dental – se pronuncia desde los dientes.
5. Labial – se pronuncia desde los labios.

La quinta letra de cada una de las categorías de arriba se llama "nasal" y se pronuncia nasalmente.

Introducción

Digo que soy un maestro tradicional de *vedānta*. Decir "maestro de *vedānta*" debería ser suficiente. ¿Por qué el adjetivo "tradicional"? Estoy obligado a usar esta palabra por varias razones. Muchos académicos modernos, así como varios maestros espirituales hindúes, presentan al *advaita vedānta* como una escuela de pensamiento que promete una experiencia de la unidad del alma individual, *jīva*, con el Señor, Īśvara. Con el fin de tener esta experiencia prometida, se prescriben ciertas prácticas que varían de un maestro a otro. En esta breve presentación intentaré analizar algunas de estas opiniones, más para ayudar a ver qué es el *vedānta* tradicional que para criticar a alguna persona en particular.

El *advaita vedānta*

El asunto tratado por el *vedānta* es lo más deseado, *hita*, para todo individuo. Analizando los diversos fines, *puruṣārthas*, en la vida, como la seguridad-*artha*, placer-*kāma*, y *dharma* que es *puṇya* para el más allá, el *vedānta* presenta a *mokṣa*, la libertad de la limitación, como lo más deseable.

Analizando estos *puruṣārthas*, la *Muṇḍakopaniṣad*[*] dice: "Lo no creado no es creado por una acción". *Kṛta* significa lo que es hecho o creado. *Akṛta* significa lo que no es creado, algo real, el *vastu*, que existe sin haber sido creado. En otras *upaniṣads* se presenta al mismo *vastu* como *satya*. La *Chāndogyopaniṣad* dice: "Antes de la creación, este mundo existía solo como *sat*"[†]. Ya que *sat* existía antes de la creación del mundo, que incluye al tiempo, está fuera del alcance del tiempo, y por lo tanto es atemporal, eterno. Al ser ya existente, *sat* no es producido por ninguna acción realizada. El ser, *ātman* es equiparado con este *satya* y, por lo tanto, tú eres *satya*.

El conocimiento de este *satya* como uno mismo es el *puruṣārtha* más deseable. De hecho, es el único objetivo verdadero en la vida, *parama-puruṣārtha*. La *Chāndogyopaniṣad* también presenta el mismo conocimiento como la liberación del dolor en este mismo momento, y del ciclo de *saṁsāra*, una vida de devenir, para siempre. El tema desarrollado por las *upaniṣads*, el autoconocimiento, al ser la solución al problema de la tristeza, naturalmente se convierte en

---

[*] *nāsti akṛtaḥ kṛtena* (*Muṇḍakopaniṣad* 1.2.12).
[†] *sadeva saumya idamagra āsīt* (*Chāndogyopaniṣad* 6.2.1).

el fin más deseable para un ser humano. Por lo tanto, la *Muṇḍakopaniṣad* aconseja al buscador que acuda a un maestro que esté bien versado en el *śāstra* para obtener el autoconocimiento[*].

---

[*] *tadvijñānārtham sa gurumevābhigacchet samitpāṇiḥ śrotriyaṁ brahmaniṣṭham* (*Muṇḍakopaniṣad* 1.2.12).

¿Es el *vedānta* una escuela de pensamiento?

Una escuela de pensamiento siempre es propuesta por una persona o personas determinadas. Al ser lo que es, una escuela de pensamiento está sujeta a controversias. Los medios de conocimiento de quien la propone, como la percepción y la inferencia, deberían poder acceder al tema propuesto. El tema del *vedānta* no es accesible por los medios de conocimiento de quien lo propone. Si lo fuera, ¿quién sería el sujeto que emplea el medio del conocimiento? Supongamos que yo soy el sujeto. ¿Cómo podría ser el objeto sobre el que estoy discutiendo? Por lo tanto, el tema del *vedānta*, que es el *ātman*, nunca puede ser una escuela de pensamiento.

Cualquier idea con respecto al *ātman* es una especulación. Las mismas *upaniṣads* lo aclaran. "Comprende que eso es Brahman, el *ātman*, lo que no es objetivado por la mente y debido al cual la mente lo sabe todo"*. Al analizar el campo de estudio del

---

* *yanmanasā na manute yenārhumano matam. Tadeva brahma tvaṁ viddhi* (*Kenopaniṣad* 1.2.12).

vedānta a la luz de varias escuelas de pensamiento predominantes en su tiempo, Vyāsa presenta al *vedānta* como un medio de conocimiento, *pramāṇa*, para conocer *brahmātman*, siendo el ser Brahman[*]. Por lo tanto, no es razonable considerar al *vedānta* como una escuela de pensamiento más, como otras escuelas de pensamiento, incluidos los materialistas mecánicos, *cārvākas*, etc. Circulan muchos libros que mencionan las seis escuelas de filosofía india e incluyen al *vedānta* como una de ellas. Esta inclusión no tiene sentido porque, a diferencia de lo que ocurre con una escuela de pensamiento, el *vedānta* no está dentro del campo de la especulación. El tema del Veda entero es *pramāṇāntara-anadhigatam*, al que no tienen acceso varios medios de conocimiento, como la percepción y la inferencia. No hay forma de probar o refutar la existencia de *puṇya* y *pāpa*. De la misma manera, uno no tiene acceso epistemológico a áreas como el cielo, el renacimiento, la estructura de un ritual y su conexión con su fin. Estas áreas quedan fuera de los medios usuales de conocimiento y, por lo tanto, no están sujetas a ninguna disputa especulativa.

---

[*] *śāstrayonitvāt* (*Brahmasūtra* 1.1.3).

Por la naturaleza de su campo de estudio, el Veda debe ser considerado como un medio independiente de conocimiento, *svataḥ-pramāṇam*. Las *upaniṣads*, que forman la última porción del Veda, también tienen un objeto de estudio que no es accesible por medio de la percepción sensorial y la inferencia. Por lo tanto, etiquetar al *vedānta* como una escuela de pensamiento se deriva de malentendidos con respecto a la naturaleza de su objeto de estudio.

Hay maestros, *ācāryas*, que interpretan las oraciones del *vedānta*, *vedānta-vākyas*, de manera diferente; sin embargo, todos estos *ācāryas* consideran al *vedānta* como un *pramāṇa*. ¿Cuán válidas son sus interpretaciones? La respuesta a esta pregunta conducirá a un análisis, *mīmāṁsā*, de las oraciones de las diversas *upaniṣads* que constituyen el *vedānta*. En este análisis empleamos el razonamiento, *yukti*, gramática, *vyākaraṇa* y otros factores que constituyen la hermenéutica. Por medio de esa investigación, *vicāra*, la visión, *tātparya*, del *vedānta* se volverá clara. Por lo tanto, las interpretaciones de Rāmānuja, Mādhva, Vallabha y otros que aceptan al *vedānta* como medio de conocimiento no pueden ser consideradas como escuelas de pensamiento, sino solo como interpretaciones del *vedānta*.

Si el *vedānta* es un *pramāṇa*, entonces considerarlo de este modo se llama śraddhā, confianza en la validez del *vedānta*, el conocimiento que está pendiente. Para verificar un medio de conocimiento no es necesario otro medio de conocimiento: yace en sí mismo. Para saber que tus ojos ven, debes usar tus ojos y ver. Para saber que el *vedānta* es un medio de conocimiento, tienes que exponerte desapasionadamente al *vedānta* con śraddhā, y ver si lo que desarrolla es verdadero. Si lo que el *vedānta* dice se contradice con cualquier otro medio de conocimiento, entonces todo el objeto de estudio del *vedānta* debe ser descartado como no válido o debe ser revisado nuevamente. No puedes decir: "Como veo a este hombre, él no habla". Ver no contradice escuchar. De manera similar, tu percepción o inferencia sobre varias cosas en el mundo no contradice en modo alguno la visión desplegada por el *vedānta*.

La visión y los métodos
de enseñanza en el *vedānta*

La visión del *vedānta* es una ecuación de la identidad entre el *jīva*, el individuo, e Īśvara, el Señor. Esta visión de la unidad, *aikya*, no es accesible para la percepción o la inferencia. La percepción o la inferencia tampoco contradicen la unidad revelada por el *vedānta*. La unidad es puramente en términos de la comprensión de la ecuación. El *vedānta* no promete una salvación para el alma. En su visión, el alma, el *ātman*, ya está libre de cualquier limitación. La libertad de la limitación es un hecho y la liberación del individuo de este sentido de limitación es el resultado de la comprensión de la ecuación. Por lo tanto, toda la enseñanza del *vedānta* se puede expresar en una oración: *tat tvam asi*, tú eres aquello. Todas las otras oraciones en las *upaniṣads* tienen la única intención de probar esta ecuación.

Las pruebas consisten en una serie de métodos, *prakriyās*, adoptados por las *upaniṣads* y por los maestros en la tradición, para comunicar la visión del *mahāvākya: tat tvam asi*, la oración que revela la unidad del individuo y del Señor. Para desplegar esta identidad entre el *jīva* e Īśvara, el *vedānta* emplea estas *prakriyās*. Si se formulara un sistema filosófico basado en estas *prakriyās*, todo el propósito del *vedānta*, que es revelar la realidad, *vastu*, sería derrotado. Por lo tanto, el *vedānta* solo es un *pramāṇa* para revelar la unidad del *ātman*, el ser, con Īśvara.

El *vedānta* no es un *pramāṇa* para probar la existencia del *ātman*, ya que la única cosa autoexistente y autoevidente en este mundo es uno mismo, *ātman*. El mundo entero, *kṣetra*, que incluye mi cuerpo físico, mi mente y mis sentidos, se vuelve evidente para mí, el conocedor, *kṣetrajña*. El *kṣetrajña* se revela a sí mismo y, por lo tanto, es evidente por sí mismo, mientras que todo lo demás se vuelve evidente para el ser. Cualquier evidencia es en términos de conocimiento. Cualquier conocimiento implica la presencia de la conciencia. El factor invariable en todas las formas de conocimiento no es más que esta conciencia.

Kāraṇa-kārya-prakriyā

Kāraṇa-kārya vāda es una de las principales *prakriyās*. En las *upaniṣads*, Brahman se presenta como la causa de todo: "Del que todos estos elementos han venido, por el que todos son sostenidos y al que todos regresan, comprende que eso es Brahman'"[*]. Además, Brahman, la causa del mundo, es *satya*. El *jagat* presentado en la *śruti*, en la forma de cinco elementos básicos sutiles y groseros, es el efecto, *kārya*, de *satya*, el *kāraṇa*. Al ser *jagat* un efecto, *kārya* es *mithyā*, como lo revela la famosa *vācārambhana-śruti*[†]. La *śruti* presenta a *kārya* no como *satya*, aquello que existe, ni como *tuccha*, aquello que no existe, sino como *mithyā*, aquello que tiene una existencia dependiente. El cuerpo físico, la mente y los sentidos del *jīva* están todos dentro de *kārya* y son, por lo tanto, *mithyā*, pero el *jīva* no es creado y su naturaleza, *svarūpa*, es *satyam jñānam anantaṁ*, la conciencia ilimitada que es la realidad de todo.

Si un producto, *kārya*, no está separado de *kāraṇa*, la causa material, entonces la causa y el efecto no son dos cosas separadas. El efecto no está separado de la causa y la causa, siendo lo que es, es independiente del efecto. La *Chāndogyopaniṣad*, por lo tanto, hace una declaración preliminar, *pratijñā*, que conociendo una

---

[*] *yato vā imāni bhūtāni jāyante. Yena jātāni jīvanti. Yatprayatyabhisaṁ-viśanti. Tad vijijñāsasva. Tad brahmeti.* (*Taittirīyopaniṣad* 3.1.1).
[†] *vācārambhaṇaṁ vikāro nāmadheyaṁ mṛttiketyeva satyam* (*Chāndogyopaniṣad* 6.1.4).

cosa todo sería igualmente conocido. Este *pratijña* es establecido al demostrar que el *kārya* no está separado del *kāraṇa*. Por lo tanto, el *kārya* es esencialmente el *kāraṇa*. Una vasija de arcilla no es más que arcilla. Si hay más de una vasija, entonces también es arcilla. La pluralidad del *kārya* no agrega nada a la arcilla. Si el *jagat* elemental, que incluye mi cuerpo físico, el *prāṇa*, los sentidos y la mente, procede de un Brahman no dual, entonces ese *jagat*, al ser un efecto, no está separado de la causa, Brahman. Brahman es el *tvam* no creado, tú, el ser, que es *satyam-jñānam-anantaṁ*. El reconocimiento de este hecho, que yo soy ese *satyam brahma* y que este *jagat* no está separado de mí, mientras que yo soy independiente del *jagat*, es el resultado de la enseñanza del *vedānta*. Ese reconocimiento de uno mismo como *sarvātman*, como el todo, es el fin último, llamado *mokṣa*. Las *upaniṣads*, alabando a aquel que tiene el conocimiento de uno mismo como todo, dicen "aquel cruza el dolor"*. Las *upaniṣads* dicen con razón que no hay *saṁsāra* para tal persona porque está libre de todo sentido de limitación.

---

* *tarati śokamātmavit* (*Chāndogyopaniṣad* 7.1.3).

Avasthā-traya-prakriyā

Otra *prakriyā* importante empleada en las *upaniṣads* es el análisis de los tres estados de experiencia: vigilia, sueño con ensueños y sueño profundo. En este análisis, el *śāstra* emplea el razonamiento *anvaya-vyatireka** para llegar a la verdadera naturaleza de uno mismo. Quien está despierto y el mundo de la vigilia están ausentes tanto en el sueño con ensueños como en el sueño profundo. El soñador de los sueños y el mundo de los sueños están ausentes tanto en la vigilia como en el sueño profundo. En el sueño profundo, la condición de soñador y quien está despierto están ausentes.

---

* Se emplea este razonamiento para llegar a la naturaleza de la relación y el grado de realidad con los que cuentan diferentes objetos. Uno es, el otro es: esto es *anvaya*. Uno no es, el otro no es: esto es *vyatireka*. La existencia de una mesa no implica la existencia de una silla. Si lo hace, entonces donde la mesa es, la silla es, y donde la mesa no es, la silla no es, lo cual no es cierto. Pero si la mesa es de madera, donde la mesa es, la madera es. Incluso si la mesa se rompe, la madera aún es. Con este razonamiento entendemos que, si bien la existencia de una mesa de madera depende de la madera, la madera puede existir sin ser una mesa. Por lo tanto, vemos que la madera tiene un mayor grado de realidad que la mesa. Este método se emplea en el análisis de causa y efecto que vimos antes.

Si la condición de ser sujeto fuera real, uno no podría dejar esta condición en ningún momento. Lo que es intrínseco a un objeto debe estar presente en el objeto mientras el objeto exista. Si no está presente, entonces es un atributo incidental.

Un ejemplo citado a menudo en este contexto es el cristal que asume un color en presencia de un objeto coloreado. Si el color es intrínseco al cristal, estará presente en él mientras el cristal exista. Pero cuando se quita el objeto de color, el color que se veía en el cristal desaparece. Por lo tanto, el color asumido por el cristal es incidental, *upādhi kṛtā*. En la experiencia del sueño profundo, y también en el estado de vigilia donde hay ausencia de la relación sujeto-objeto, no existe ninguna condición para que uno mismo sea el sujeto. Por lo tanto, debe darse por sentado que la experiencia del sujeto-objeto es incidental. Al analizar estas experiencias, el *śāstra* presenta al *ātman* como libre de todos los atributos que se le imputan.

Cualquier atributo es puramente incidental y no intrínseco. Si el *ātman* está libre de atributos, ¿es inexistente, *śūnya*? No, porque el concepto de *śūnya* en sí es una pieza de conocimiento que implica un sujeto, un conocedor. El *śāstra* describe al *ātman* como *jyotiḥ*, *jñānam*, *sākṣī*, *cetā*, etc. Todas estas palabras significan el contenido del sujeto, el conocedor, que podemos llamar conciencia.

La conciencia es invariable en todos los estados de experiencia, mientras que la conciencia misma está libre de cualquier atributo. Por lo tanto, cuando el *śāstra* usa la palabra *ātman* libre de atributos, *nirviśeṣa ātman*, significa el *svarūpa* de *ātman* como conciencia pura. Todos los atributos, tales como la autoría y el disfrute, son puramente incidentales. Ācārya Gauḍapāda, y otros después, manejaron con habilidad esta *prakriyā* presentada en la *Māṇḍūkyopaniṣad* para desarrollar el hecho de que el ser es Brahman, y el mundo, que implica la relación sujeto-objeto, es puramente un atributo incidental de Brahman y es, por lo tanto, *mithyā*.

Pañca-kośa-prakriyā

Otra *prakriyā* conocida es el análisis del *pañca-kośa*. Vemos esta *prakriyā* en la *Taittirīyopaniṣad*. *Kośa* significa cobertura, funda. Se presentan los cinco *kośas* como coberturas del *ātman*. Si *ātman* es invariable en todas las situaciones, no puede existir ninguna cobertura para *ātman*. Entonces, ¿cómo puede haberlas? Tenemos que entender que solo son cubiertas aparentes: *kośavat ācchādakatvāt kośaḥ*, "nacidas de la ignorancia de uno mismo, hay cinco nociones universales erróneas". Se dice que la causa, *nimitta*, de cada noción es un *kośa*. El cuerpo físico, *anna-maya*, es un *kośa* en la medida en que se considera que es uno mismo. Soy mortal, soy alto, soy hombre, soy mujer, todas estas nociones están imputadas al *ātman*, con referencia al cuerpo físico. Al ser universal, el cuerpo físico se convierte en *kośa*. Así también, cuando uno dice "tengo hambre, tengo sed", se considera que el *ātman* está sujeto al hambre y a la sed, y el *prāṇa-maya* se convierte en un *kośa*. Las nociones "estoy triste, estoy agitado" se deben a *mano-maya kośa*. *Vijñāna-maya* también es un *kośa* porque se considera que el sentido de autoría, que es su atributo, es perteneciente a *ātman*, y la noción "Yo soy el hacedor" es el resultado. *Ānanda-maya* es un *kośa* con referencia al disfrute, en forma de grados de felicidad experimentada. Mientras que la presencia de *ātman* es común a los cinco *kośas*, el propio *ātman* está libre de todos ellos.

Un maestro tiene que mostrar que, aunque los *kośas* son *ātman*, *ātman* siempre está libre de los *kośas*, porque al ser *asaṅga* nunca se involucra. *Ātman* debe desplegarse siguiendo el *sthūlārundhatī nyāya*[*]. La *Taittirīyopaniṣad* plantea este método al presentar primero al *anna-maya*, que es *sthūla deha*, el cuerpo físico burdo, como *ātman*[†]. Luego, cuando dice que hay otro *ātman*, niega la noción anterior. El proceso continúa hasta que el *ātman* como Brahman es señalado como la base de *ānanda-maya*. Aquí, el *ātman* no debe ser considerado como algo oculto, tal como es frecuentemente interpretado en el *vedānta* moderno, donde se considera que los *kośas* cubren al *ātman*. El

---

[*] Arundhatī es una estrella que está cerca de Vaṣiṣṭha en la constelación *sapta-ṛṣi*. Es muy pequeña a simple vista. Después de la ceremonia de su matrimonio, la pareja hindú mira a ambos, Vaṣiṣṭha y Arundhatī, la pareja *ṛṣi* que, según los Purāṇās, se ha inmortalizado en forma de estrellas. Después de haber visto al grupo *sapta-ṛṣi* uno puede identificar a Vaṣiṣṭha y con una observación aguda puede finalmente ver a Arundhatī. Para ayudar a alguien a ver a Vaṣiṣṭha y Arundhatī al aire libre en la noche, un experto usará como punto de partida un cuerpo celeste fácil de distinguir y guiará a la persona a través de un camino visual hacia *sapta-ṛṣi* y luego hacia Vaṣiṣṭha. Una vez que reconoce a Vaṣiṣṭha, que es pequeño pero visible, se puede ver Arundhatī. Salvo Arundhatī, todo lo que ha sido señalado en el proceso de reconocimiento es negado. Esto es *sthūlārundhatī nyāya*. (La astronomía moderna dice que tanto Vaṣiṣṭha como Arundhatī son solo una estrella que aparece como dos. Nuestros antepasados también dijeron que son una a pesar de que parecen ser diferentes.)
[†] *sa vā eḥa puruṣo'nnarasamayaḥ* (*Taittirīyopaniṣad* 2.1.1).

vedānta moderno habla de una especie de experiencia trascendental que se obtiene más allá de todos estos *kośas*. Este es un ejemplo típico de cómo se considera a una *prakriyā* como un sistema, y por lo tanto las subsiguientes inconsistencias quedan sin explicación.

Sarvātma-bhāva

Como he mostrado brevemente, las *prakriyās* adoptadas por las *upaniṣads* tienen el propósito de revelar la verdad de que el ser es Brahman, sin atributos y sin límites. Ya que *brahma-atman* no experimenta ningún cambio en absoluto, la *kārana-kārya prakriyā* solo tiene el propósito de revelar el hecho de que el ser es ilimitado y el mundo está no separado de él. La visión del *vedānta* no es tanto presentar una relación de causa-efecto entre Brahman y el *jagat*, sino desplegar el *jagat* como no separado de Brahman. Este *sarvātma bhāva*, el reconocimiento de uno mismo como el todo, es la visión, *tātparya*, de la *śruti*.

La *avasthā-traya-prakriyā* no es para presentar un cuarto estado de experiencia, sino para señalar que la conciencia invariable en los tres estados es Brahman, el *adhiṣṭhāna* y la verdad del mundo entero. La *pañca-kośa prakriyā* no presenta un *ātman* oculto, sino que señala el error universal cometido en cada uno de los cinco niveles de experiencia. Los atributos de *kāraṇa*, *avasthā*, *kośa* y otros, inicialmente mencionados para Brahman, son negados más tarde en las *prakriyās*. Mediante esta negación, *apavāda*, se considera a los atributos solo como una superposición, *adhyāropa*, sobre Brahman. Este método se llama *adhyāropa-apavāda nyāya*. Es importante entender cómo se manejan las *prakriyās* utilizando el método de *adhyāropa-apavāda*. Si se presenta al *vedānta* como un sistema de filosofía, no se implica ningún manejo; lo que cuenta es solo presentar el sistema con claridad. Si la visión del *sarvatma-bhāva* debe ser desplegada, es completamente diferente.

El papel del *guru* en la resolución de confusiones

Un *guru* es importante para obtener el autoconocimiento porque el manejo de *prakriyās* está implicado en el despliegue de la verdad. Si uno no maneja las *prakriyās* como debe, solo puede decirles a sus discípulos que el *vedānta* es una teoría, que la práctica da la experiencia del ser. Pero como el *vedānta* es un medio de conocimiento, no son la teoría ni la práctica las que traerán una experiencia del ser. El ser, que es el contenido de todas las experiencias, es consciencia por naturaleza, *anubhūti svarūpa*, y no se vuelve un objeto de experiencia, implicando otro sujeto hipotético además del ser.

El hecho de no comprender el objeto de estudio, y la naturaleza de las *prakriyās* adoptadas por el *śāstra*, ha dado lugar a una serie de confusiones en las mentes de los buscadores y los maestros. Analicemos algunas de las áreas de confusión.

La confusión entre *ātman* y dicha

Brahma-ātman se presenta en el *śāstra* como *ānanda*. Esta palabra experiencial, *ānanda*, con frecuencia es causa de confusión. La *Taittirīyopaniṣad* presenta a Brahman como *satyam jñānam anantaṁ*. Estas tres palabras son equivalentes a *sat-cit* y *ānanda*. El significado de la palabra *ānanda* es *ananta*, lo ilimitado. La palabra *satya*, que generalmente es un atributo de una cosa existente en el tiempo, está en aposición[*] con la palabra *ananta*. Debido al calificativo *ananta*, *satya* se libera de la limitación triple de espacio, tiempo y el estado de ser un objeto[†]. Al mismo tiempo, al ser la causa de todo, *satya* es la verdad de todo lo que depende de él. Y *satya* también es *jñāna*, que como palabra puede significar "conocedor", "conocimiento" o incluso "conocido", pero con la palabra *ananta* se elimina el significado limitado de *jñāna*, y *jñāna*, la invariable presencia de conciencia en estos tres, se convierte en su significado. El contenido invariable del conocedor-conocimiento-conocido es la conciencia, que es *satya*. Este *satyam-jñānam-anantam*, la conciencia, *ātman*, se basa en Brahman, que es la causa de todo el *jagat*. Más adelante, en la *Taittirīyopaniṣad* y en otras partes de las *upaniṣads*, se usa la palabra *ānanda* en lugar de *ananta*, que es el *svarūpa* del *ātman*.

____

[*] En gramática, dos elementos están en aposición cuando el segundo especifica al primero. (N. del T.)
[†] *deśakālavastu aparicchinnam anantam.*

En este caso, la palabra *ānanda* puede traducirse como dicha si *ānanda* es experiencial. Pero cuando es una palabra que desarrolla el *svarūpa* de *ātman*, su traducción nunca puede ser dicha. Una experiencia de dicha especial no anunciará "Soy la dicha del *ātman*", de modo que pueda ser reconocida como diferente a cualquier otra dicha experimentada anteriormente. Incluso si hubiera una experiencia de dicha, como promete el *vedānta* moderno, la experiencia sería según cómo la interpretemos. Y nuevamente, nuestra interpretación sería de acuerdo con nuestro conocimiento. El autoconocimiento requiere un medio de conocimiento para el cual no tenemos otro refugio que la *śruti*. Si se presenta a la *śruti* como una teoría, la confusión inicial del buscador se acrecienta.

Entonces, ¿cuál es la necesidad de usar la palabra experiencial *ānanda*? La palabra tiene dos propósitos: en primer lugar, muestra que el conocimiento de *ātman* es deseable, porque *ātman* es *ānanda svarūpa*. En segundo lugar, muestra que la fuente de todas las formas de *ānanda* no es más que lo ilimitado de *ātman*.

Si se traduce *ānanda* como dicha en lugar de ilimitado o plenitud, el buscador es llevado a creer que hay una dicha especial que hasta ahora no ha experimentado.

De hecho, el *śāstra* dice que cualquier forma de *ānanda*, sea nacida de la experiencia sensorial, *viṣayānanda*, o en la estela de algún descubrimiento, *vidyānanda*, o por disciplinas de *yoga*, *yogānanda*, no es más que *svarūpānanda*. La palabra *ānanda*, por lo tanto, tiene la finalidad de llamar la atención del buscador hacia sí mismo como la fuente de todo *ānanda*. Significa que el buscador es ilimitado, plenitud, que se experimenta como felicidad cada vez que la mente se encuentra con la disposición requerida. El reconocimiento de este hecho elimina el error de considerarme infeliz, ignorante y mortal. De este modo, el significado de las palabras *sat*, *cit* y *ānanda* es importante para ayudar al buscador a reconocerse a sí mismo como libre de todos los atributos.

La confusión entre conocimiento y realización

Otra palabra utilizada en el *vedānta* moderno que crea confusión es "realización", que a menudo reemplaza la palabra conocimiento. ¿Cuál es la diferencia entre el autoconocimiento y la autorrealización? Según el *vedānta* moderno, el autoconocimiento es intelectual, mientras que la autorrealización es experiencial, y debido a esta diferencia, el estudio del *śāstra* tiene el propósito del autoconocimiento, mientras que alguna otra cosa se volverá el medio para la autorrealización. Cuando la *śruti* es el medio de conocimiento para reconocer al ser, que siempre está presente, *nitya-aparokṣa*, ¿cómo podría haber un conocimiento indirecto del *ātman*, que tenga que convertirse en realización directa mediante algún método único?

Śravaṇam, mananam y *nididhyāsanam* están prescritos en la *śruti* solo para el autoconocimiento. La confusión de hacer una distinción entre conocimiento y realización se produce por no reconocer la presencia invariable, *aparokṣatvam*, del *ātman* en todas las situaciones, y por no entender a la *śruti* como el medio de conocimiento para reconocer el *svarūpa* de *ātman*. Esa es la razón por la que a menudo escuchamos que lo que recogemos de la *śruti* es solo conocimiento intelectual. Describir el conocimiento con el adjetivo "intelectual" solo será necesario cuando haya conocimiento nasal o dental. Todas las formas de conocimiento suceden en el intelecto. No existe el conocimiento intelectual. Puede haber dos tipos de conocimiento: el conocimiento directo o el conocimiento indirecto. Como el *ātman* está invariablemente presente, el conocimiento de *ātman* solo puede ser directo[*].

---

[*] *nitya aparokṣasya ātmanaḥ jñānam aparokṣameva na tu parokṣam.*

La confusión de los caminos múltiples

Otra *prakriyā* moderna popular es que el autoconocimiento, que es *mokṣa*, se puede obtener de cuatro maneras diferentes. Cada camino se llama *yoga* y es diferente de los otros tres. El primero es el *jñāna-yoga*, el segundo es el *karma-yoga*, el tercero es el *bhakti-yoga* y el cuarto es el *haṭha-yoga*. Nos dicen que cada *yoga* es para un tipo diferente de persona. Obviamente, el *jñāna-yoga* es para el intelectual, mientras que el *karma-yoga* es para el extrovertido, el *bhakti-yoga* es para quien es emocional y el *haṭha-yoga* es para el que no es ninguno de los tres primeros. Lo absurdo de esta *prakriyā* se vuelve obvio cuando indagamos sobre la naturaleza del autoconocimiento. El conocimiento no ocurre sin un medio apropiado de conocimiento y ese conocimiento no es el resultado de ninguna acción.

El *śāstra* presenta dos estilos de vida comprometidos, *niṣṭās*, para *mokṣa*. Uno es una vida de *sannyāsa*, un compromiso con la búsqueda del autoconocimiento con la exclusión de todo otro *puruṣārtha*. Esto es *jñāna-yoga*. Un *sannyāsī* no tiene deberes obligatorios. El mismo Veda que ordena deberes obligatorios, libera a un *sannyāsī* de esos deberes y le permite buscar el conocimiento. El otro estilo de vida también implica un compromiso con la búsqueda del conocimiento, pero junto con el *karma* como *yoga*. Un *karma-yogī* es igualmente un *mumukṣu*, alguien que busca la libertad; pero él persigue el conocimiento junto con sus deberes obligatorios. Por lo tanto, un *karma-yogī* tiene deberes obligatorios mientras que un *sannyāsī*, no.

Si hubiera un tercero llamado *bhakti-yogī*, ¿tendría deberes obligatorios o no? Si fuera así, se trataría de un *karma-yogī*. ¿Hay un *karma-yogī* sin *bhakti*? ¿Hay incluso un *sannyāsī* sin *bhakti*? ¿Y qué hace un *bhakti-yogī*? Si hace *pūjā* diariamente, es *kāyikaṁ karma*; si hace *kīrtana*, eso es *vācikaṁ karma*; si hace meditación invocando la gracia del Señor, entonces es *mānasaṁ karma*. De hecho, es solo un *karma-yogī*. De manera similar, el *haṭha-yoga* puede ser seguido como disciplina tanto por un *sannyāsī* como por un *karma-yogī* o incluso por quien no es un *mumukṣu*. Es por eso que el Señor Kṛṣṇa dice en el tercer capítulo de la *Bhagavad Gītā*: *loke'smin dvividhā niṣṭhā*, "solo hay dos estilos de vida comprometidos con *mokṣa*". Uno es *jñāna-yoga*, una vida de *sannyāsa*, y el otro es *karma-yoga*. Ambos, el *sannyāsī* y el *karma-yogī*, buscan el conocimiento.

Se puede argumentar que en la *Gītā* hay un capítulo titulado *Bhakti-yoga*. ¿Cómo puede haber un *yoga* doble? Cada capítulo de la *Gītā* recibe su título de acuerdo con el tema predominante, y cada uno se llama *yoga* y se distingue de los demás de acuerdo al adjetivo que acompañe a *yoga*. De nuevo, por una traducción incorrecta, tenemos dieciocho *yogas* comenzando con el *yoga* del dolor de Arjuna. De hecho, aquí la palabra *yoga* se usa en el sentido de "tema"; cualquiera que mire en el tesauro sánscrito, *amara-kośa*, encontrará como sinónimo de *yoga* la palabra *saṅgati*: conexión o en conexión con, significado del tema. El tema predominante del primer capítulo es el dolor de Arjuna; del segundo capítulo, el conocimiento; del tercero, el *karma*; del cuarto, la renuncia de la acción por el conocimiento; del quinto, la renuncia; del sexto, la meditación, y así sucesivamente. El tema del duodécimo capítulo es la *bhakti*. No es el *bhakti-yoga*. Incluso cuando se menciona el compuesto *bhakti-yoga*, significa *karma-yoga* o *jñāna-yoga* según el contexto.

Por lo tanto, la afirmación del Señor Kṛṣna de que hay solo dos *niṣṭhās* no es contradicha en ninguna parte de la *Gītā*. Ya sea que uno tome una vida de *sannyāsa* o lleve una vida de *karma-yoga*, uno tiene que tener la madurez interna requerida para obtener claridad en este conocimiento. Debido a que en la *Gītā** no se aconseja el *sannyāsa* sin madurez interior, para obtener esa madurez es necesario llevar una vida de *karma-yoga*. Al ser el problema la ignorancia y el error, la solución solo es el conocimiento; en esto no hay opciones. Si hubiera una opción solo sería con respecto al estilo de vida apropiado. La opinión de que hay muchos caminos para obtener *mokṣa* es falsa. Un enfoque integral que involucre las cuatro formas tampoco tiene sentido porque no hay cuatro enfoques que puedan ser integrados.

Cuando el *śāstra* dice que solo el conocimiento es *mokṣa*, no es fanatismo. Si digo que solo los ojos ven los colores, no soy un fanático. Solo hay fanatismo cuando propago una creencia, una creencia no verificable, como la verdad, la única verdad, o cuando me aferro a un medio como verdadero, mientras que hay muchas opciones igualmente válidas.

Solo el conocimiento puede salvar a la persona que confunde al ser con un ser limitado, *saṃsārī*. Puede haber diferentes formas de oración porque la oración es una acción, *karma*, y la acción siempre

---

* *sannyāsastu mahābāho duḥkhamāptumayogataḥ* (*Bhagavad Gītā* 5.6).

está abierta a elecciones. También puede haber una opción entre una vida de *sannyāsa* y la de *karma-yoga*. Pero solo hay una forma de corregir el *saṁsāritva*, una vida de devenir, del *ātman*, y es mediante el autoconocimiento, para lo cual necesitamos un medio de conocimiento. La *Bṛhadāraṇyakopaniṣad* declara que el *ātman* tiene que ser conocido, por lo que uno tiene que hacer *śāstra-vicāra*[*].

La confusión entre *mokṣa* y la mente sin pensamientos

También hay confusión en la idea de que la autorrealización es la eliminación de todos los pensamientos de la mente. La confusión proviene de la afirmación de que el *ātman* no está dividido, *nirvikalpa*. Si el autoconocimiento fuera la ausencia de pensamientos, todos ya estarían iluminados, porque ¿quién no ha dormido? Hasta hay ausencia de pensamientos entre dos pensamientos. Si la ausencia de pensamientos por una fracción de segundo no es iluminación, ¡la falta de pensamientos durante una hora no te hará más sabio! Es obvio que la ausencia de pensamientos no es iluminación. Si una persona

---

[*] *ātmā vā son draṣṭavyaḥ śrotavyo mantavyo nididhyāsitavyaḥ* (*Bṛhadāraṇyakopaniṣad* 2.4.5).

que piensa no sabe, ¿cómo sabría una persona que no piensa? Si hubiera iluminación en la ausencia de pensamientos, se perdería tan pronto como ocurriera un pensamiento; por lo tanto, una persona iluminada debería estar constantemente sin pensamientos para permanecer iluminada. Significaría que nunca habría ninguna persona iluminada.

El *śāstra* presenta al *ātman* como *nirvikalpa*. La visión del *śāstra* es que mientras el conocedor, el conocimiento y lo conocido no están separados del *ātman*, el *ātman* es independiente de todos ellos. Tanto en la *Māṇḍūkyopaniṣad* como en la *kārikā*, una exposición del original, se menciona al soñador como una prueba de que no existe una división real, *vikalpa*, entre el soñador, el sueño y lo soñado, aunque durante el sueño la división se ha considerado real. El propósito del ejemplo del sueño es hacernos ver que la experiencia de la dualidad de quien está en vigilia no es diferente. Mientras que la diferencia entre el que está en vigilia y el soñador se acepta en términos de cualidades, *viśeṣas*, la no diferencia básica se muestra en detalle en la *kārikā*.

En el *Jyotir brāhmaṇā* de la *Bṛhadāraṇyakopaniṣad*, el *ātman* invariable en el sueño y la vigilia es presentado como la luz de la conciencia, *jyotis-svarūpaḥ*. El *svarūpa* del *ātman* no es el soñador, el sueño o lo soñado, ni quien está despierto en vigilia, ni su experiencia ni sus objetos. Pero *vikalpa** entre el conocedor, lo conocido y el conocimiento, tampoco está separado del *ātman* y, por lo tanto, la división es *mithyā*. Es obvio que el *ātman* siempre es *nirvikalpa*, a pesar de la aparente división. Dice en la *Kenopaniṣad*: "En toda forma de conocimiento, quien discierne comprende al *ātman* como lo invariable"[†]. Por lo tanto, el conocimiento de que estoy libre de pensamientos, *nirvikalpa*, es a pesar de la experiencia de *vikalpa*. Es completamente diferente de un estado en el que hay ausencia de pensamientos.

En el *aṣṭāṅga yoga*, la *aṅgī*, lo principal que debe lograrse, es el *nirvikalpa samādhi*, un estado en el que existe la ausencia de relación sujeto-objeto. Aunque es un logro deseable, el estado mismo no debe interpretarse como autoconocimiento. Cuando la mente está en un estado de absorción o con pensamientos, lo que se obtiene como invariable es el *svarūpa* del *ātman*, que es

---

* *Vikalpa*: se refiere al proceso de toma de decisiones, que implica deliberar antes de tomar una decisión (*sankalpa*) o la indecisión al tener que tomar una decisión (*vikalpa*).
† *pratibodhaviditam matam, bodhaṁ bodhaṁ prati viditam* (*Kenopaniṣad* 2.4).

nirvikalpa. Una vez más, la noción de que la iluminación existe cuando no hay más pensamientos, implica una dualidad entre el *ātman* y el pensamiento. Cuando el pensamiento es, el *ātman* no es. Cuando el *ātman* es, el pensamiento no es. Ambos se vuelven igualmente reales porque cada uno existe en ausencia del otro. Esto no es verdad. Si uno existe independientemente de la existencia del otro, ambos objetos gozan del mismo orden de realidad, como la mesa y la silla. Si uno existe solo en ausencia del otro, también pertenecen al mismo orden de la realidad, como la enfermedad y la salud. Ambos son igualmente reales.

¿Niega el pensamiento al *ātman*? ¿Hay un pensador sin *ātman*? ¿Hay un pensamiento sin *ātman*? De hecho, el pensamiento es el *ātman*. Pero el *ātman* no es solo un pensamiento. El *ātman* es *satya*, presente en todas las situaciones, mientras que las situaciones son *mithyā*, dependientes de *ātman* para su existencia. No hay *mithyā* sin *adhiṣṭhāna*. La definición de *mithyā* es *adhiṣṭhāna ananyat*, aquello que no está separado de su causa.

Como la ola no es independiente del agua, no es necesario que retires la ola para ver el agua. Del mismo modo, si el pensador, el pensamiento y lo que se piensa dependen del *ātman*, que es *satya*, no es necesario que elimines a ninguno para reconocer al *ātman*. El reconocimiento es que los tres son el *ātman*, mientras que el *ātman* no es ninguno de ellos.

La confusión entre *vāsanā* y *kṣaya*

Existe el concepto de que el *ātman* se ha convertido en el *jīva* debido a las *vāsanās*, las impresiones pasadas. Las *vāsanās*, a menudo equiparadas con *karma-phala*, los resultados de la acción, como *puṇya* y *pāpa*, se supone que han sido juntados por el *jīva* que no tiene principio. El agotamiento de las *vāsanās* a través de cualquiera de los cuatro *yogas* equivale a la autorrealización. ¡La persona autorrealizada que no tiene más *vāsanās*, para perpetuar su vida, puede continuar existiendo como una persona libre, *jīvanmukta*, debido a las *vāsanās* de otros! Los problemas causados por esta *prakriyā* moderna son numerosos.

Si las *vāsanās* hacen que el *ātman* se convierta en un *jīva*, las *vāsanās* se convierten en una realidad paralela al *ātman*. Entonces, el *ātman* deja de ser no dual y cualquiera que lo tome como no dual cometerá un error. Si las *vāsanās* no son una realidad independiente, entonces son *mithyā*, y su existencia depende de *ātman*. Lo que es *mithyā* debe ser entendido como *mithyā*.

Mithyā no plantea ningún problema si es comprendida como tal y, por lo tanto, el agotamiento de las *vāsanās* no es necesario. Tampoco es posible que alguien en un nacimiento en particular agote todas las *vāsanās* reunidas en un número infinito de nacimientos. De hecho, solo pueden agotarse en un número infinito de encarnaciones. Por lo tanto, el mismo agotamiento de las *vāsanās* es un sueño. Incluso si se lograra el imposible agotamiento de las *vāsanās*, la posibilidad de un *jīvanmukta* es nula. Cuando todas las *vāsanās* se agotadan, el *jīva* deja de ser. Lo que queda es *ātman* que es *asaṅgaḥ*, que no está afectado ni conectado con nada. No hay forma de que el *asaṅga-ātman* atraiga algo de *samaṣṭi prārabdha*. Si existe un núcleo, *jīva*, entonces hay *vāsanās* que agotar.

El *śāstra* menciona el agotamiento de las *vāsanās*, pero es puramente con respecto a la preparación de la mente, *antaḥkaraṇa śuddhi*. Las *vāsanās* de los que hablan los *ācāryas* más contemporáneos son *viṣaya vāsanā*, *deha vāsanā* y *śāstra vāsanā*. La fascinación por un objeto, *viṣaya*, pensando que puede darte seguridad y felicidad, es una superposición llamada *śobhana-adhyāsa*. Por medio de *vicāra* tienes que eliminar esta superposición para convertirte en el *adhikārī* para el autoconocimiento. Así también, la *vāsanā* "Yo soy este cuerpo" debe ser eliminada por medio de la indagación y contemplación. El anhelo por el estudio de *śāstra*s diferentes del *vedānta*, *śāstra-vāsanā*, puede distraerte en la búsqueda del autoconocimiento. Tienes que hacer frente a este anhelo mediante el compromiso con *vedānta-vicāra*.

Los *ācāryas* no presentan esta *vāsanā* triple como una causa para que el *ātman* se convierta en un *jīva*. La verdad que se enfatiza aquí es que el *ātman* nunca se ha convertido en una *jīva*. *Jīvatva*, la noción de individualidad, es una superposición sobre el *ātman* debido a la ignorancia. Por lo tanto, la búsqueda es comprender que el *svarūpa* del *ātman* está libre de *jīvatva*.

La confusión con respecto al *karma-yoga*

Existe una gran confusión acerca del *karma-yoga*. Una definición de *karma-yoga* es "realizar una acción sin esperar resultados". Otro punto de vista es "el *karma-yoga* es hacer un servicio desinteresado". Otra definición del *karma-yoga* es "habilidad en acción". De hecho, el *karma-yoga* es un tema muy mal comprendido. El *varṇāśrama-dharma* no es más que *karma-yoga*. Cuando uno realiza *nitya naimittika karma* en aras de lograr *antaḥkaraṇa śuddhi*, se considera *karma-yoga* si la persona es un *mumukṣu*. Sin embargo, si la persona interesada en *dharma*, *artha* y *kāma* realiza las mismas oraciones o rituales no será un *karma yogī*.

Nadie puede realizar una acción sin esperar un resultado, ni una persona hábil en la acción puede ser necesariamente considerada un *karma-yogī*. Hay muchas personas entregadas al crimen que son hábiles. La noción de que servir a una causa es *karma-yoga* tampoco es totalmente cierta, porque la causa puede ser solo la expresión de un ego grupal tan falso como el propio ego pequeño. Cuando las atracciones y aversiones propias, *rāgas* y *dveṣas*, favorecen al *dharma*, entonces uno realiza sus deberes. Esa persona no va contra el *dharma* al dejarse llevar por lo que le gusta y no le gusta. Satisfacer los gustos y disgustos de uno a costa del *dharma* se llama apego a los frutos de la acción, *phalāśakti*. Mientras uno realice una acción de acuerdo con el *dharma*, ya sea que le guste la acción o no, uno es un *karma-yogī*[*].

El *karma-yoga* se desarrolla claramente en toda la *Bhagavad Gītā*. Incluso si uno realiza una acción en aras de satisfacer sus atracciones y aversiones, siempre

---

[*] *dharmyāddhi yuddhat śreyo'nyat kṣatriyasya na vidyate* (*Bhagavad Gītā* 2.31).

y cuando no esté en contra del *sāmānya dharma*, los valores universales, uno aún puede ser un *karma-yogī* si toma el resultado de la acción como *prasāda*, viniendo del Señor. Esta actitud está presente en la vida de los hindúes incluso hoy en día. Construir una casa es cumplir un *rāga*. Uno puede construir una casa sin ir contra el *dharma*. Pero aún así, la casa que es el *karma-phala*, se puede ofrecer al Señor en el momento de *gṛhapraveśa* y luego se la puede tomar como *prasāda*. Si esa actitud es genuina y se mantiene durante toda la vida con respecto a todos los logros, uno es un *karma-yogī*, si uno ha elegido *mokṣa* como su objetivo principal. Una vida de *karma-yoga*, que es un *yoga* de la actitud con respecto a la acción y sus resultados, lo liberará a uno del dominio de *rāga-dveṣas*. De este modo, uno se prepara para el autoconocimiento así como también para tener *niṣṭhā*, firmeza, en él.

Predicación de valores

Si bien nadie ignora los valores, rara vez estos son entendidos de manera correcta. Por sentido común, todo ser humano sabe lo que es universalmente correcto e incorrecto. El problema está en la comprensión del valor de los valores. Si uno ha entendido el valor de un valor, no lo arriesgará por nada: dinero, poder, etc., porque conoce la magnitud de la pérdida. De hecho, para una persona así, cualquier riesgo es un mal negocio. Por lo tanto, un maestro no necesita predicar valores, pero debe ayudar al alumno a descubrir el valor de los valores. De nuevo, esto implica un proceso de desarrollo.

Demasiadas palabras

Como estudiante, cuando uno acude a un maestro para conocer al *ātman*, a uno le dicen que el *ātman* es eterno, *nitya*. Aquí hay un problema típico de comunicación. Un maestro solo puede comunicarse con palabras que conocen tanto él o ella como la persona que estudia. La palabra "eterno" resuena como una palabra conocida y, por lo tanto, el estudiante piensa que conoce al *ātman*, ¡pero no tiene la experiencia de lo eterno! De hecho, el estudiante no lo conoce. El estudiante solo conoce lo que es no eterno. Lo eterno es diferente a todo lo que conoce. El estudiante tiene una palabra nueva cuyo significado no se ha desarrollado.

Toda la enseñanza consiste en hacer que el alumno comprenda qué es la eternidad. De hecho, la palabra "eterno" debería significar que el *ātman* no es no eterno: el *ātman* es la atemporalidad. Por medio de la indagación, el que está consciente del tiempo se revela como siendo esa misma conciencia en la que el concepto de tiempo se resuelve. Esta conciencia, que es el *svarūpa* del tiempo, es llamada, en términos de tiempo, eternidad. De manera similar, cada palabra que habla del *ātman* debe ser desarrollada por el maestro sin dejar ninguna idea equivocada en la mente del alumno. Incluso el significado de la conciencia tiene que ser desplegado. Cuando uno escucha la palabra "manzana", uno es consciente de su significado. Sin embargo, cuando uno escucha la palabra "conciencia", el significado de la palabra conciencia no se convierte en un objeto de conciencia; es uno mismo. El maestro debe ser consciente de todo esto mientras desarrolla estas palabras. Un maestro adecuado sabe cómo manejar estas palabras porque tiene la claridad en la visión de *vedānta*.

A la luz de todo esto, debemos tener claro que:

1. El *vedānta* es un medio independiente de conocimiento,

2. las *prakriyās* deben manejarse tal como son, solo como *prakriyās*, y

3. el autoconocimiento no es otro estado de experiencia; es la corrección de un error acerca de uno mismo y el reconocimiento del ser invariable como la verdad y la base de todas las experiencias.

LIBROS POR
SWAMI DAYANANDA SARASWATI
EN ESPAÑOL

1. Todo sobre *sādhana*
2. El valor de los valores
3. *Tattvabodhaḥ* El conocimiento de la realidad

Colección "Momentos con uno mismo"
4. Acción y reacción
5. Libertad del desamparo
6. Vivir libre de estrés
7. *Om Namo Bhagavate Vāsudevāya*
8. El problema esencial
9. El *yoga* de la objetividad

Ensayos
10. *Dānam,* dar para crecer
11. La tradición de enseñanza del Advaita Vedanta

Libros por
Swami Dayananda Saraswati
en español
Distribuidos en América Latina, España y
globalmente por

Fundación Arsha Vidya
Buenos Aires, Argentina
Tel: (005411) 4826-5767
fundacionarshavidya@gmail.com
www.arshavidya.org.ar

También disponibles en:

ARGENTINA
Librería Deva's
Corrientes 1752 C.A.B.A.
Tel: 5237-0916/17
y sucursales en todo el país

Sabores y secretos de la India
Ciudad de la Paz 1739 C.A.B.A.
Tel: 4783-3424

EN EL EXTERIOR
Amazon
https://www.amazon.com
Tipear "Dayananda español" en el buscador.

Libros por
Swami Dayananda Saraswati
en inglés

Public Talk Series:
1. Living Intelligently
2. Successful Living
3. Need for Cognitive Change
4. Discovering Love
5. The Value of Values
6. Vedic View and Way of Life
7. Sādhana and Sādhya

Upaniṣad Series:
8. Muṇḍakopaniṣad
9. Kenopaniṣad

Prakaraṇa Series:
10. Tattvabodhaḥ

Text Translation Series:
11. Śrīmad Bhagavad Gītā
(Text with roman transliteration and English
   translation)
12. Śrī Rudram
(Text in Sanskrit with transliteration, word-to-
   word and verse meaning along with an elaborate
   commentary in English)

www.ingramcontent.com/pod-product-compliance
Lightning Source LLC
Chambersburg PA
CBHW021358160726
47994CB00007B/3007